AF727794

C. MEILLAC

DÉPÔT LÉGAL
DÉPARTEMENT DE LA
BIBLIOTHÈQUE NATIONALE R.F. IMPRIMÉS

LES SPORTS A LA MODE

Les Sports en France.
Les jeux de la balle.
Sports athlétiques proprement dits.
Cyclisme. — Sur la glace et sur la neige.
Les Armes, etc.

60 centimes

Paul PACLOT
LIBRAIRE-ÉDITEUR
4, rue Cassette, PARIS

C. MEILLAC

Les Sports à la mode

BIBLIOTHÈQUE NATIONALE
R.F.
IMPRIMÉS

8V
33786

PARIS
PAUL PACLOT, LIBRAIRE-ÉDITEUR
4, RUE CASSETTE, 4

Tous droits réservés

BIBLIOTHÈQUE NATIONALE R.F. IMPRIMÉS

INTRODUCTION

Qu'est-ce que le sport ? — Le sport désigne d'une façon générale les exercices physiques qui mettent en jeu les forces et l'énergie du corps, tout en développant certaines qualités morales ; mais encore faut-il qu'ils aient le caractère d'un divertissement. Le canotage est un sport ; nous n'appellerons pas sportsman le batelier qui dirige sa gondole à travers les canaux de Venise.

Quoique d'importation anglaise, ce mot dérive d'une ancienne expression française : *desport, desporter* signifiant « plaisir », « divertissement » et qui s'employait indifféremment pour les jeux physiques ou les jeux de la parole. Rabelais, le grand écrivain du XVIe siècle, a écrit : « Se desportaient... es près et jouaient à la balle, à la paume. »

Si le mot n'est pas nouveau, la chose l'est moins encore.

Les sports dans l'antiquité :

1° *A l'origine.* — Un humoriste a dit que l'histoire du sport commence au moment où Adam et Ève franchirent le seuil du Paradis. Il est du moins certain que, dès que les hommes purent former une petite société, peuplade ou tribu, ils durent s'exercer en commun au combat corps à corps, au maniement de la masse, de la hache et du tomahawk, au jet de la lance ou de la sagaie, au tir à l'arc, au lazzo, à la danse de guerre, c'est-à-dire qu'ils transformèrent en divertissement ce qui leur avait été d'abord une nécessité. Des civilisations plus raffinées, celle de l'Egypte, par exemple, mirent plus de méthode dans la culture physique.

2° *En Grèce.* — Mais c'est en Grèce que l'on trouve un esprit vraiment sportif. Homère rapporte déjà que l'on célébrait des jeux aux funérailles des guerriers de marque. Plus tard, on mit un soin égal à former le corps et l'esprit. Les lois de Solon obligeaient les jeunes Athéniens à se livrer à la gymnastique. Les enfants fréquentaient de douze à dix-huit ans les *palestres ;* dans les *gymnases*, ouverts à tous, adolescents et hommes mûrs rivalisaient de force et d'adresse ; c'est là que se formaient les athlètes (du grec athla, prix), qui devaient prendre part aux grands concours nationaux.

La population de l'Hellade tout entière se passionnait pour les jeux célébrés en grande pompe à Olympie, à Athènes, dans l'isthme de Corinthe. Les vainqueurs, ceints d'une couronne d'olivier ou d'une guirlande de feuilles de pin, traversaient la Grèce en triomphateurs ; leur ville natale, fière de leur gloire, les accablaient d'honneur ; les poètes célébraient magnifiquement leurs exploits et ils vivaient dans la mémoire des hommes à l'égal des plus sages législateurs ou des plus habiles généraux.

Les athlètes devaient exceller dans cinq exercices : *saut, lutte, course, lancement du disque et du javelot,* qui, mettant en action tous les muscles, prévenaient la déformation du corps. L'Hellade, patrie du beau, avait le culte inné de la beauté corporelle. L'éducation physique, basée sur les principes de la thérapeutique, développait la souplesse et la grâce autant que la force. Ce peuple, merveilleusement artiste, qui plaçait ses jeux sous l'égide de Vénus et d'Apollon, éleva le sport à un degré de pureté et d'harmonie, qui n'a plus été atteint et qui reste à nos yeux comme un magnifique idéal.

3° *A Rome.* — La beauté grecque fut remplacée par la brutalité romaine : les premiers Romains pratiquèrent également le saut, la course, le pugilat, la lutte et généralement les exercices qui préparaient à la guerre, sans que les enfants d'ailleurs fussent obligés de fréquenter les établissements de gymnastique ; mais on ne retrouve plus la même culture complète et rationnelle, le même souci d'élégance.

Le peuple romain, amoureux des fêtes, réclamait « panem et circenses », le cirque aussi bien que le pain. Pour ménager leur popularité, les consuls et empereurs prirent la coutume de donner des jeux auxquels ne prenaient part active que les professionnels. Peu à peu, la populace blasée et l'aristocratie corrompue exigèrent des spectacles de sang. Assurés de périr, les gladiateurs saluèrent le souverain du fameux « Ave, Cœsar morituri te salutant », César, ceux qui vont mourir te saluent. Le rétiaire jetait son vaste filet sur le mirmillon armé d'une courte épée. Des gladiateurs à cheval, ou montés sur des chars, s'entretuaient dans les cirques. Des galères se heurtaient dans les naumachies. Puis ce furent les massacres en grand, des combats de bêtes féroces, des centaines de captifs égorgés ou livrés aux lions, aux panthères, aux ours, des supplices raffinés, des repas de chair humaine sur les arènes, arrosées d'eau de senteur, et aux acclamations d'une foule délirante. Cette férocité indiquait la complète décadence des sports ; quelques particuliers se livraient au jeu de paume, à la gymnastique ; mais l'idéal grec semblait perdu.

Les sports en France. — L'ancienne Gaule connut des jeux assez brutaux ; les Gaulois prenaient plaisir aux combats singuliers. On vit Pépin le Bref, roi des Francs, entrer dans une arène, où luttaient un lion et un taureau et les abattre de son épée. Le roi n'est-il pas d'ailleurs, aux termes du « Roman dé la Rose », « le plus ossu, le plus corsu ? »

Pendant tout le Moyen-Age, il fallait que chacun fût en mesure de défendre sa vie, continuellement menacée. On se souciait alors fort peu de l'instruction, abandonnée aux seuls moines ; il ne s'agissait que d'être fort, le plus fort. Aussi les nobles consacraient-ils la plus grande partie de leur temps à manier l'épée à une ou à deux mains, la lance, la masse d'arme, tandis que le peuple s'exerçait à l'arbalète, à l'arc, à la hallebarde, à l'épieu.

La chevalerie adoucit les jeux et les transforma en divertissements luxueux, chantés par les trouvères et troubadours. Les tournois mettaient en valeur la grâce et la vaillance des seigneurs ; ceux-ci étaient encouragés par la présence des dames dont ils portaient fréquemment un gage sur leurs armures ; il arrivait qu'un adversaire s'emparât de ces gages qui pouvaient être renouvelés. On raconte qu'après un tournoi « les dames s'en allaient les cheveux sur leurs épaules et leur cotte sans manches, car toutes avaient donné aux chevaliers pour les parer, et guimpes et chaperons, manteaux et camises, manches et habits » ; lorsqu'elles s'en aperçurent « elles en furent comme toutes honteuses, mais sitôt qu'elles virent que chacun était dans le même état, elles se mirent toutes à rire de leur aventure ».

Le jeu de paume était très en faveur dans toutes les classes de la société. « Au XIVe siècle (1) tout bon Français prenait de l'ébat, c'est-à-dire se livrait au sport en plein champ ou à huis-clos. » On pratiquait alors la lutte ; et les jeux de la soule, de la crosse, du mail.

La Renaissance fit prédominer la culture intellectuelle sur la culture physique ; les siècles qui suivirent amenèrent la décadence des jeux, à l'exception des jeux de hasard et des carrousels.

Pendant le XIXe siècle, on s'est livré à l'équitation, au canotage, à la gymnastique. Mais ce n'est guère que depuis une trentaine d'années que, las de la supériorité anglo-saxonne, on s'est décidé, en France, à faire du sport d'une façon consciente et rationnelle.

---

(1) J.-J. Jusserand. *Sports de l'ancienne France.*

SPORTS ATHLÉTIQUES

I. — LES JEUX DE LA BALLE

Les jeux de la balle remontent à la plus haute antiquité : Homère dans son odyssée, nous montre Nausicaa, fille de roi, jouant à la balle avec ses compagnes. Les Grecs englobaient divers exercices avec le ballon sous le nom de « sphéristique ». Les Romains jouaient à la « pila ». De nos jours, la balle est la reine du sport.

Le football. — Le football (de l'anglais *foot*, pied, *ball*, ballon) est de tous les sports à la mode le plus répandu et celui qui développe au mieux les qualités morales de décision, d'énergie et de sang-froid. Il convient à tous les hommes jeunes et n'exige pas de ses fervents le surmenage physique qu'imposent certains exercices athlétiques. On ne saurait trouver pour la jeunesse de divertissement plus sain ; c'est ce qui explique, mieux que toute autre raison, son succès rapide en France.

Ses origines sont assez obscures ; on le rattache au « follis » des Latins. Plus près de nous, on lui retrouve dans l'ancienne France une parenté indéniable avec la « soule » bretonne et la « barrette » du Centre. Il est fort probable quoique les Anglais ne veuillent pas le reconnaître, que le football, sport national anglais, n'est qu'un dérivé de ces jeux français qui, d'ailleurs, furent interdits par des ordonnances royales, à cause de leur brutalité et disparurent peu à peu de nos provinces.

Jusqu'au XIXe siècle, la plus grande confusion préside dans les règlements qui régissent les football des écoles anglaises. Ce n'est qu'après 1850 qu'on essaya d'unifier les règles multiples et l'on se trouva alors en présence des partisans irréductibles de deux méthodes différentes : celle de Rugby, permettant l'usage des mains et celle de l'école d'Eton qui n'autorisait l'usage que des pieds. Ces deux formes de football se sont maintenues sous le nom de football Rugby et football Association.

Football Rugby. — Le rugby introduit en France vers 1880 a porté d'abord le nom de barrette. Les premiers matches organisés par le Racing-Club et le Stade français, laissèrent l'opinion assez indifférente. Des matches internationaux augmentèrent l'intérêt de ces rencontres. La province ne tarda pas à imiter Paris, et Bordeaux donna l'exemple avec son fameux Stade bordelais. Toulouse fonda le Stade Olympien et Lyon le Foot-ball-Club. Depuis, presque toutes les villes de France, dans le Midi surtout, ont formé des sociétés de rugby.

On y joue sur une pelouse ou prairie ; le terrain gazonné représente un vaste rectangle, limité par les lignes de ballon mort et, parallèles à celles-ci, par les lignes de touche. La largeur du champ de jeu ne peut être supérieure à 70 mètres, ni la longueur à 144 mètres. Deux poteaux verticaux, espacés de 5 m. 50 et reliés par une barre transversale, à une hauteur de 3 mètres au-dessus du sol, sont plantés dans chaque camp, à distance égale des lignes de touche : c'est ce qu'on appelle le but. Le jeu consiste à faire passer le ballon entre ces poteaux et par dessus la barre. Ce ballon est de forme ovoïde ; son poids varie de 360 à 400 grammes et sa longueur de 25 à 28 centimètres.

Les footballeurs sont divisés en deux équipes de quinze joueurs chacune, comprenant : un gardien de but ; quatre trois quarts ; deux demis ; huit avants, parmi lesquels le capitaine de l'équipe.

Chaque partie dure quatre-vingts minutes et se joue en deux demi-temps, coupés par un arrêt de cinq minutes ; elle est gagnée par le camp qui a marqué le plus de points.

Sans entrer dans le détail des règles excessivement compliquées, nous donnerons ici quelques indications. Lorsqu'un joueur réussit à porter le ballon derrière la ligne du but adverse, il obtient un *essai*, d'une valeur de trois points ; en outre son camp a le droit de tenter un but, en lançant le ballon d'un point choisi à l'avant du but, sur la perpendiculaire abaissée de l'endroit où l'essai a été marqué. En cas de réussite ce camp gagnera deux points.

On compte deux points, lorsque le ballon, rebondissant sur la terre, est envoyé d'un coup de pied jusque dans la barre du but. En cas d'une faute contre le règlement, un *coup franc* est accordé à l'équipe lésée, c'est-à-dire qu'elle aura le droit de tenter un but, estimé en ce cas trois points. Les autres buts sont cotés quatre points.

Les règles étant complexes, l'arbitre, qui assiste nécessairement à chaque partie, a de fréquentes occasions d'intervenir ; il juge seul et sans appel. Son coup de sifflet arrête le jeu, qui recommence, après décision, soit par la *touche*, soit par la *mêlée*.

Pour la mêlée, les avants de chaque équipe, forment un groupe compact : en première ligne trois joueurs se tiennent par la taille, étroitement serrés; derrière, deux joueurs intercalent leur tête entre les avants de première ligne ; en troisième ligne enfin, trois joueurs encore dans la même position.

Un demi lance alors le ballon exactement entre les deux groupes qui cherchent à s'en emparer avec les pieds ; le parti le plus fort repousse son adversaire et chasse le ballon vers le but en *dribblant*, c'est-à-dire en poussant le ballon à petits coups de pied ; ou bien, les deux premières lignes d'avants tiennent tête à l'adversaire et font passer le ballon à leurs co-équipiers de troisième ligne, qui eux-mêmes, si leur situation est défavorable, pourront le confier aux trois-quarts.

Si le ballon a franchi l'une des lignes de touche, la partie s'arrête et recommence au point où le ballon est sorti du champ de jeu. Une partie de Rugby, féconde en péripéties, offre l'image d'une bataille. Les deux équipes doivent obéir aveuglément à leurs capitaines. Le succès dépend en effet en grande partie de la cohésion et de la discipline des footballeurs. Cependant l'initiative trouve aussi à s'exercer ; ainsi un joueur, courant avec le ballon dans ses bras, devra tromper ou gagner de vitesse les poursuivants ; il lui faudra éviter ceux qui tenteront de l'arrêter en pleine course en le saisissant à bras-le-corps, ou par les genoux. Quels que soient ses talents de stratège, il sera perdu, s'il n'est doué d'une grande rapidité de décision.

On a fait au Rugby le reproche d'être trop violent ; en vérité avec les règlements actuels, il est beaucoup moins dangereux qu'on ne le croit généralement.

Football Association. — Le Football Association ne s'est implanté en France qu'après le Rugby et n'a eu de succès au début que dans le Nord. L'un des premiers clubs d'Association fut l'Athletic-Club du Havre, créé en 1884. Mais, depuis quelques années, il s'est conquis des partisans un peu partout et il est aujourd'hui beaucoup plus répandu que le Rugby.

C'est un jeu d'adresse plutôt qu'un jeu de force. Il est interdit de se servir des bras et des mains et l'on ne peut donner au ballon que des coups de pied ou de tête. Il se joue sur un terrain rectangulaire, de préférence gazonné, de 90 à 180 mètres de longueur et de 45 à 90 mètres de largeur. Le champ de jeu est divisé en deux parties égales ; une circonférence de 10 mètres de rayon entoure le point central. Les buts — un par camp — consistent en deux hauts poteaux plantés à une distance de 7 m. 30 l'un de l'autre et reliés par une barre de bois à 2 m. 40 du sol. Il y a 22 joueurs ; 11 par équipe, soit 5 avants, 3 demis, 2 arrières et 1 gardien.

de but, disposés par chaque capitaine en avant-garde, centre et arrière-garde.

Le jeu consiste à lancer le ballon — un ballon rond — entre les poteaux et la barre transversale, et non plus au-dessus de cette barre comme dans le Rugby. Le camp qui a réussi le plus de buts gagne la partie qui se joue en 90 minutes, soit deux mi-temps de quarante-cinq minutes séparées par quelques minutes de repos.

L'Association ne comporte pas d'*essais* ni de mêlée, mais occasionne de fréquentes *passes*, qui consistent pour un joueur en mauvaise posture à faire passer le ballon à un co-équipier mieux placé. Le sort de la partie dépend souvent de l'habileté des footballeurs à pratiquer cet exercice ; les Anglais y sont passés maîtres et doivent à l'habileté de leurs passes de nombreuses victoires. Quant aux fautes contre le règlement, elles sont jugées et punies par un arbitre, muni d'un sifflet.

L'Association est un sport très complet, très hygiénique et qui développe au plus haut point les qualités de discipline, de ruse et de finesse.

On joue en Amérique un jeu qui tient à la fois du Rugby et de l'Association, et qui par ses mêlées excessivement brutales, cause de nombreux accidents ; aussi les joueurs se protègent-ils les bras, les jambes, la tête avec une sorte de carapace en cuir rembourrée de ouate ou de filasse.

Polo. — Le polo est une variété du football et rappelle particulièrement l'Association. Il a été rapporté des Indes, où on le pratiquait depuis des siècles, par des officiers anglais, qui jouèrent en Europe la première partie en l'année 1869. Les règles, assez complexes, ont été arrêtées par le Hurlingham-Club. On y joue à cheval, le plus souvent sur des poneys, « polo-ponies », qui doivent être ardents, nerveux et dociles.

Il est nécessaire de disposer d'un terrain spécial, d'une étendue de 300 mètres environ, aux extrémités duquel sont placés les buts : deux poteaux verticaux espacés de 7 m. 50. Les joueurs, divisés en deux équipes ordinairement de quatre cavaliers, cherchent à pousser la balle dans le but adverse. Ils se servent pour cela d'une sorte de marteau ou maillet d'une longueur de 1 m. 30, et qu'ils tiennent de la main droite ; la balle, peinte en blanc, est en bois de saule ou en liège épais recouvert de fil ciré et doit avoir un diamètre de 7 centimètres.

Il est interdit d'accrocher le maillet d'un adversaire au-dessus ou au-dessous de son cheval ; il est permis de se mettre au travers d'un joueur, mais non de se couper réciproquement, étant au galop. La partie, d'une durée de quatre quarts d'heure, coupés par des repos, est gagnée par l'équipe qui a le plus de points, c'est-à-dire qui a réussi le plus de buts. Un arbitre relève les fautes.

Ce jeu, fort intéressant pour les spectateurs, est très à la mode en Angleterre et en France. Le Club parisien possède un bon terrain au Bois-de-Boulogne, et Pau, Biarritz, etc., voient aussi se disputer des matches de polo.

C'est éminemment un sport aristocratique ; il

exige une parfaite connaissance de l'équitation. Les frais qu'il entraîne sont très élevés, puisque, les chevaux se fatiguant vite, les joueurs sont obligés d'en changer plusieurs fois en une seule partie; plusieurs ont de véritables petites écuries; or certains poneys atteignent le prix de 8 à 10,000 francs.

Le polo se joue également sur l'eau, sur la glace et en bicyclette. Pour le *water-polo*, on se sert d'une piscine d'une longueur variant entre 17 m. 37 à 27 m. 43 et d'une largeur maxima de 18 m. 29. L'eau ne peut avoir moins de trois pieds de profondeur. Les équipes sont généralement de sept joueurs; le ballon est gonflé de manière à flotter. Un arbitre décide des coups et tranche les contestations.

Le polo à bicyclette est un jeu très curieux, très gracieux, mais difficile. Le joueur, qui n'a pas de maillet, pousse la balle avec les roues. Il doit constamment enlever à force de bras sa machine, la soulever pour laisser passer la balle lancée par un co-équipier et c'est là un exercice qui demande en même temps que de la force beaucoup d'agilité et d'adresse.

Enfin les Américains viennent d'inaugurer le polo-automobile. De jeunes millionnaires new-yorkais se sont fait construire spécialement des automobiles électriques, d'une valeur de 12,000 francs chacune, si bien que la partie avant d'être commencée coûtait plus de 150,000 francs. Et s'étant divisés en deux équipes, ils ont chassé une balle de polo à coup de maillet; chaque joueur était assisté d'un chauffeur. Le public élégant de la plage de

New-Port à qui fut offert ce spectacle sensationnel, se divertit grandement. Ce fut moins drôle pour les joueurs qui se trouvèrent tous plus ou moins éclopés à la fin du match.

Cricket. — Le cricket est en faveur de l'autre côté de la Manche comme de l'Atlantique, et c'est à ce titre que nous lui consacrons quelques lignes. Jeu favori des Anglais le cricket est pratiqué par les hommes de tout âge et par toutes les classes de la société ; il n'est pas rare de voir tel évêque célèbre ou tel grave ministre lui consacrer une bonne partie de ses loisirs.

Il a beaucoup de ressemblance avec notre ancien mail, crosse ou criquet. Distants de 20 mètres au moins, s'élèvent deux guichets, un par camp, ainsi formés : trois bâtons verticaux de 0 m. 69, reliés par des traverses, soutiennent un troisième bâton, posé de façon à tomber au moindre choc. Il s'agit de faire choir avec la balle de cricket le guichet de l'adversaire. Les crickters jouent avec une courte batte ou battoir, en bois dur ; ils portent des jambières, qui les protègent contre les coups de la balle qui est en cuir durci et d'un poids de 165 à 172 grammes. Le terrain est une pelouse gazonnée, soigneusement entretenue et passée au rouleau ; les limites du champ de jeu sont indiquées par des raies tracées à la craie.

Base-ball. — Le base-ball, sport national des Etats-Unis, est une variété très compliquée du cricket. Les joueurs, au nombre de dix-huit, forment deux équipes : ceux qui *battent la balle* et ceux qui *tiennent le camp*. Les batteurs, après avoir relancé la balle avec une large batte, se mettent à courir et doivent arriver à certains *arrêts* marqués d'avance et appelés *bases*, avant que la balle n'ait achevé un parcours déterminé. Il serait dangereux de recevoir la balle en cuir ou en bois. La partie, comprenant sept manches, est gagnée par le camp qui a le plus de runs ou points.

Basket-ball. — C'est le football en espace clos, le football en chambre. Les combinaisons sont très nombreuses, parce que les murs, agissant comme les bandes d'un billard, renvoient la balle d'une façon souvent inattendue. On dessine sur le sol à la craie un rectangle de 20 à 25 mètres de long sur 10 à 15 de large ; on joue avec un ballon plus léger que celui du football. Deux paniers placés à 3 mètres au-dessus du sol constituent les buts. Deux camps de cinq joueurs chacun se disputent la partie. Un arbitre tranche les différends et juge sans appel.

Hockey. — Le hockey est, à peu de nuances près, l'ancien jeu français du gouret, que l'on joue encore dans l'Ouest de la France et qui était déjà connu des Gaulois, lors de l'invasion romaine. Il nécessite un vaste terrain de 90 mètres de longueur et de 45 à 50 mètres de largeur. Ce parallélogramme est limité par les raies tracées en blanc et dites *lignes de côté* et *lignes de touche*. De chaque côté du centre que l'on marque en blanc et à égale distance sont les *lignes de 23 mètres*. Des petits drapeaux sont plantés aux quatre coins du quadrilatère. Deux poteaux verticaux espacés de 4 mètres et

BIBLIOTHÈQUE NATIONALE RF

reliés par une traverse horizontale à 2 m. 10 au-dessus du sol forment les buts, situés aux deux extrémités du champ de jeu. A une distance de 4 mètres de chaque but, on trace une ligne de 4 mètres; cette ligne marque le point culminant de quarts de cercle qui ont pour centre les poteaux du but; l'espace circonscrit par ces quarts de cercle se nomme *cercle d'envoi.*

Pour compter un but, il faut envoyer la balle d'un *point quelconque de ce cercle d'envoi* entre les deux poteaux et au-dessous de la traverse. Une balle envoyée d'un endroit extérieur aux « cercles d'envois » ne pourrait donner droit à un but. On joue avec des crosses en bois, sortes de cannes au bout recourbé et renflé. Le prix des crosses est très variable; on peut s'en procurer pour 50 centimes ou pour 15 francs; les balles qui valent de 1 à 10 francs, analogues à celles du cricket, pèsent de 165 à 172 grammes. Tel est le matériel du jeu. Une partie se joue en deux demi-temps de 35 minutes. Les joueurs, au nombre de 22, s'organisent en deux équipes de 11, commandées par un capitaine et comprennent: un gardien de but, 2 arrières, 3 demi-arrières, 5 avants.

Il est interdit de frapper la balle autrement qu'avec la crosse; mais il est permis d'arrêter la balle avec la main, sous la condition de la reposer immédiatement à terre, si on l'a élevée : les adversaires n'ont pas le droit de se saisir. Un arbitre punit les infractions aux règlements. La tactique du jeu consiste à envoyer la balle dans l'intérieur du cercle d'envoi d'où un camarade peut tenter un but ; on peut aussi la relancer à un co-équipier mieux placé ; c'est en somme la « passe », telle que nous l'avons vu pratiquer avec le ballon du football.

Le hockey a pris en ces dernières années une grande extension. Toujours plus nombreux sont les écoliers qui s'y adonnent avec joie. Il n'offre aucun danger ; il arrive bien, dans l'animation du jeu, qu'une crosse se trompant de but va frapper un camarade, mais le mal n'est pas grand et le joueur en est quitte pour un bleu. Dames et jeunes filles affectionnent aussi le hockey, parce qu'elles trouvent à cet exercice hygiénique beaucoup de plaisir.

Crosse. — La crosse présente beaucoup d'analogies avec le hockey. On y joue à 22, soit deux équipes de 11 joueurs, y compris le capitaine, sur une surface d'au moins 100 mètres. Deux poteaux écartés de 1 m. 80 figurent le but dans chaque camp ; mais il n'y a plus ici de barre horizontale. Les balles sont en cuir ou en éponge de caoutchouc. La partie, durant une heure en deux demi-temps, est gagnée par le camp qui a réussi le plus grand nombre de buts.

Golf. — Sport national des Écossais, importé en Angleterre à l'époque de Guillaume le Conquérant, le golf, qui rappelle notre mail, est tard venu en France. Le premier club de golf a été fondé à Pau en 1856. On y joue sur un vaste terrain accidenté, d'une dizaine d'hectares au minimum et parsemé de « hasards » ou obstacles : maisons, carrières, rochers, buissons, fossés, ruisseaux, etc. Dix-huit trous, — parfois neuf, — contenant chacun un auget en fonte, d'une largeur et d'une profondeur de 10 centimètres environ, sont disséminés à des distances inégales ; le sol est aplani et gazonné autour de chaque trou ; cette surface nivelée porte le nom de « putting-green ». Il s'agit de faire entrer une balle — il y en a une par joueur ou par camp — dans les dix-huit augets successivement; il est défendu de la toucher autrement qu'avec le maillet dit *club*, en fer ou en bois. Il faut beaucoup d'habitude et d'habileté pour faire pénétrer la balle en caoutchouc durci dans l'auget, en aussi peu de coups que possible ; car dans les concours et matches officiels chaque coup est compté pour un point. Il arrive qu'un joueur d'un seul choc du maillet lance sa balle à une grande distance, mais qu'il ne peut plus la faire sortir d'une excavation ou d'un fourré ; ce sont là péripéties et agréments du jeu. Souvent des gamins portent derrière les joueurs des « clubs » de forme et de poids différent. Les joueurs doivent garder le silence pendant la partie, et s'abstenir de demander des conseils. C'est en résumé un jeu amusant, mais assez coûteux, puisqu'il faut se procurer un terrain. Toutefois il tend à se démocratiser. Parmi les souverains, le roi Édouard VII est l'un des meilleurs amateurs de golf.

Paume. — La paume est un jeu très simple en son principe : deux joueurs ou deux camps se renvoient une balle soit avec la main gantée, soit avec une raquette.

Ce jeu était connu des Égyptiens et des Grecs. La *pila* des Romains fut introduite en Gaule par les légions de César et ne tarda pas à jouir d'une grande faveur. On y joua même à cheval sous le nom *d'exercice à la chicane*. La raquette fit son apparition sous Henri IV ; on renvoyait auparavant la balle avec la *paume* de la main. La paume était tellement en honneur au XVe siècle que les femmes même ne dédaignaient pas de s'y exercer et que les chroniques du temps citent une certaine Margot, qui battait les meilleurs joueurs ; chaque quartier de Paris possédait alors une salle de paume. François Ier aimait passionnément ce divertissement. On conte qu'un certain jour, deux seigneurs étaient sur le point de gagner la partie contre le roi et son partenaire, un moine ; ce dernier eut l'heureuse chance de réussir un coup qui assura le succès au camp royal.

« Ventre Saint-Gris ! s'exclama François Ier, voilà un beau coup de moine !

— Sire ! répondit finement Sa Révérence, ce sera un coup d'abbé, quand il vous plaira. » Peu après le roi lui accordait une grasse abbaye.

Noblesse et bourgeoisie continuèrent à jouer à la paume pendant les siècles qui suivirent et nombreux furent les *tripots* (*tripodium*, trépignement, tripot désigna d'abord la salle de paume et le jeu lui-même). Mais Louis XIV lui préféra le billard, inventé par son ministre Chamillart. La Révolution dispersa les derniers amateurs de paume. La seule salle de jeu qui subsiste encore à Paris est celle du jardin des Tuileries, construite au second Empire.

Le jeu dont nous venons de parler est la *courte-*

paume, c'est-à-dire la paume que l'on joue en lieu clos, la longue paume étant jouée en plein air.

Courte-paume. — Il faut pour la courte-paume un terrain environné de murs, ayant de 28 à 50 mètres de long sur 9 m. 50 de large. Une galerie grillagée court le long du rectangle, pour permettre aux spectateurs d'assister sans danger aux parties. La toiture doit être à 7 mètres au moins au-dessus du sol qui est cimenté. Aux deux extrémités opposées de la salle se trouvent *le dedans*, ouverture presque aussi large que le toit et le *tambour* ou grand mur.

La pelote basque, comme la balle au tamis encore en honneur dans le Nord de la France, dérive en droite ligne du jeu de paume primitif.

Longue-paume. — La longue-paume se joue en terrain ouvert, sur un rectangle de 70 à 80 mètres de long et de 15 à 17 de large. Ce rectangle est partagé en deux parties égales par une ligne tracée sur le sol et nommée *corde*. Il s'agit de lancer avec une raquette la balle par dessus cette corde, que les joueurs habiles rasent sans la toucher ; on cherche à la lancer dans une direction inattendue, afin de fatiguer l'adversaire. La règle veut que la balle soit relevée ou bien *de volée* avant qu'elle ait frappé la terre, ou bien lorsqu'elle rebondit, avant qu'elle ait touché le sol une seconde fois. La partie se fait en 60 points ; les joueurs forment deux camps de deux à six joueurs. C'est en somme un jeu d'une pratique facile.

Pelote basque. — Dérivé de l'ancien jeu de Rebot, ce sport passionne non seulement le pays Basque, mais toute l'Espagne et l'Amérique du Sud. Des villes comme Madrid ou Barcelone ont élevé des frontons coûtant de 500,000 à 800,000 francs. Depuis quelques années, Paris possède aussi un fronton et la pelote basque est très à la mode.

On y joue sur une piste, d'une largeur de 10 mètres environ et d'une longueur de 80 mètres. Aux deux extrémités du champ de jeu s'élèvent d'un côté le mur de face ou fronton, haut de 10 mètres, large de 20 et muni à un mètre du sol d'une barre de fer horizontale ; de l'autre, le *rebot* ou mur de fond qui est moins élevé. A gauche, un mur court tout le long de la piste et est marqué, comme elle, de divisions de 4 en 4 mètres.

Les joueurs, deux à trois par camp, lancent la balle contre le fronton qu'elle doit toucher d'après certaines prescriptions fixées par le règlement, mais toujours au-dessus de la barre de fer. Ils se servent pour recevoir la balle du *chistera,* sorte de long et étroit panier d'osier, que Loti, dans son admirable roman de Ramuntcho, décrit ainsi : « A leur poignet droit, les joueurs attachent avec des lanières une étrange chose d'osier, qui semble un grand ongle courbé, leur allongeant de moitié l'avant-bras ; c'est avec ce gant qu'il va falloir saisir, lancer et relancer la pelote, une petite balle de corde serrée et recouverte en peau de mouton, qui est dure comme une boule de bois ».

La pelote est un spectacle d'un très vif intérêt. Les pelotaris ou joueurs de pelote font preuve d'une agilité, d'une adresse et d'une rapidité déconcertantes. La balle vole, frappe le mur d'un « clac » sec, rebondit, est reçue dans le chistera, repart, suivies par tous les yeux dans sa course rapide. On sait que si elle rencontrait une jambe ou une tête, elle briserait l'obstacle ; c'est qu'en effet, elle pèse 120 grammes et qu'elle est lancée très violemment. La pelote a déjà fait plusieurs victimes parmi les pelotaris. Du moins les bons professionnels sont-ils très recherchés et bien rétribués ; une seule partie leur rapporte parfois 500 francs à chacun d'eux.

On pratique au Chili une pelote sans chistera contre un fronton nommé trinquet.

Lawn-tennis. — Le tennis est un jeu élégant, gracieux, mais difficile, quoique on puisse y jouer sans apprentissage. Ceci semble un paradoxe. Rien de plus vrai cependant. Ce qui est difficile, c'est de faire bonne figure dans la partie, d'être un bon joueur.

Le terrain de tennis s'appelle le *cours* et mesure 23 m. 80 de large sur 8 m. 23. En Angleterre le sol est gazonné ; en France, on se contente ordinairement de terre battue. Le cours est divisé en deux parties égales par un filet haut d'un mètre, puis par des lignes de service et de demi-cours. Un joueur, le servant, ayant un pied sur la ligne de fond, doit lancer avec sa raquette une balle dans un des rectangles du camp adverse, où le relanceur s'efforcera de la rattraper *de volée*, c'est-à-dire en plein vol, ou lorsqu'elle a touché terre une seule fois, et de la chasser, par dessus le filet encore, dans le camp du servant. La balle pourra ainsi voler d'un camp à l'autre jusqu'à ce qu'elle soit arrêtée par le filet, ou qu'elle ait dépassé les limites du jeu, indiquées par des lattes de bois, ou, à défaut, des ganses. Après une faute, le servant deviendra relanceur à son tour et *vice versa*. On compte 15 pour le premier point gagné, 30 pour le second, 40 pour le troisième et *jeu* pour le quatrième. Si les joueurs arrivent tous les deux à 40, il faudra, pour terminer, que l'un d'eux gagne encore deux points dits : *avantage et jeu*. Une partie comprend six jeux.

Le tennis se joue à un contre un, deux contre un ou deux contre deux. Le servant a diverses manières de lancer la balle ; s'il l'envoie doucement, son adversaire pourra facilement la relever ; mais si elle est envoyée à l'américaine, avec une grande force et en rasant le filet, il sera difficile de la reprendre à temps. Il est très important d'avoir une bonne raquette ; il en existe de lourdes et de légères ; elle est faite avec des boyaux de chat, tendus dans une armature de bois ; il y a deux manières de la tenir, *à l'anglaise*, et elle fait alors un angle avec le bras, *à l'américaine* et elle est dans le prolongement du bras. Ce jeu offre une grande variété de combinaisons dans la façon de lancer ou de recevoir les balles qui sont en caoutchouc et pèsent 55 grammes.

Le tennis a été inventé dans le but de distraire des dames, par un officier anglais en résidence aux Indes ; il a été réglementé au milieu du siècle dernier ; c'est une ingénieuse combinaison de la courte-paume et de la longue-paume, qui fait la joie de bien des jeunes gens et de bien des jeunes filles. Détail peu connu, le mot tennis lui-même vient d'un vieux mot français et s'écrivait primitivement *tenetz*, soit : *tenez*, cri du servant (*law*, signifie pelouse).

Les Italiens jouent une variété de tennis, avec gants spéciaux au lieu de raquette, et balle de football, jeu qui demande plus de force ; c'est ce qu'on appelle *la palone* (palone).

Push-ball. — Quoique le push-ball ne soit pas encore à la mode, nous le mentionnons ici, parce qu'il est le dernier jeu de balle inventé. Il a été imaginé par les étudiants de l'Université d'Harward, qui en bons Américains ont voulu faire plus grand qu'en Europe. La balle s'est transformée en un énorme ballon de 1 m. 80 de diamètre, pesant plus de 22 kilogrammes. Deux camps cherchent à s'en emparer et se bousculent autour de lui pour le porter au but ; comme bien l'on pense, il n'est pas facile de remuer une pareille masse. Ce jeu est moins dangereux que le football ; les Anglais jouent aussi au push-ball sur l'eau.

II. — SPORTS ATHLÉTIQUES PROPREMENT DITS

L'athlétisme est avec le tourisme la caractéristique de notre sport moderne ; les siècles précédents connaissaient certains jeux de balle, mais négligeaient presque complètement les exercices athlétiques proprement dits, renouvelés pour la plupart de l'antiquité. Cette renaissance ne s'opère que lentement au cours du XIXe siècle. De nombreuses sociétés, entre autres le *Racing-Club*, fondé en 1882, puis le *Stade Français*, enfin l'*Union des sociétés françaises des sports athlétiques* (U. S. F. S. A.), contribuèrent grandement aux progrès de l'athlétisme en s'intéressant activement à toutes ses manifestations sportives.

Gymnastique. — Cultivée avec soin, avec goût, avec intelligence chez les Grecs, la gymnastique subit une période de décadence chez les Romains. Chez les peuples modernes elle est à peu près ignorée, au moins en tant que méthode consciente, jusqu'en 1815, époque à laquelle Ling créa la gymnastique suédoise. En France, le colonel espagnol Amoros ouvrit en 1820, dans la plaine de Grenelle, à Paris, un institut de gymnastique, qui devint plus tard notre école militaire de Joinville. L'enseignement amorosien avait pour but de développer la force musculaire; les premiers exercices, consacrés à l'assouplissement, s'accompagnaient de chant. Sa méthode englobait : la lutte, la course, la marche, la natation, l'escrime, le saut, les haltères, le trapèze, les échelles et cordes, l'équilibre sur la poutre, les escalades de murs, la voltige.

Destinée aux seuls militaires, la gymnastique mettra plus de cinquante ans à pénétrer dans les lycées et écoles où elle ne rencontre au début que de l'indifférence, sinon du mépris ; toutefois les sociétés de gymnastique se sont multipliées depuis une trentaine d'années. Elle se divise actuellement en gymnastique d'assouplissement, gymnastique aux agrès, gymnastique sans agrès (course, saut, boxe, savate, lutte, auxquels nous consacrons des développements spéciaux).

Pour assouplir les muscles, on fait exécuter au corps des séries de mouvements ; mouvements horizontaux et verticaux des bras et des jambes, avec ou sans flexion ; la marche et le pas gymnastique développent spécialement la souplesse des jambes. Les agrès constituent la gymnastique acrobatique ; on s'exerce à sauter sur le chevalet ; on suspend le corps sur les bras aux barres parallèles, dont l'usage est à recommander, parce qu'elles permettent des mouvements assez nombreux qui exigent autant d'habileté que de force ; on fait des tractions ainsi que des rétablissements à la barre fixe et au trapèze ; la voltige au trapèze, apprend à bien sauter et demande du sang-froid, de l'agilité ; les cordes, échelles et mâts développent les muscles des bras ; la pratique des anneaux assouplit les reins ; enfin on s'accoutume à surmonter le vertige en marchant sur le portique. Les agrès permettent une multitude de tours de force, dont plusieurs sont dangereux et qu'il ne faut exécuter, que quand on est bien entraîné et sous la surveillance d'un moniteur.

Mais la gymnastique offre encore d'autres ressources à ses fidèles : la *lutte à la corde*, que deux camps tirent chacun de leur côté, constitue à elle toute seule un petit sport ; les *haltères*, qu'il vaut mieux choisir assez légers au début, mais qui peuvent peser jusqu'à 15 kilos ; les *massues* ou *mils* dont le poids varie de 1 kilo pour les enfants à 9 kilos pour les hommes vigoureux, et que l'on apprend à manier dans tous les sens, au-dessus de la tête, devant ou derrière. La *barre de fer* que l'on enlève, et avec laquelle on exécute les mouvements des bras avec ou sans flexion. Enfin le *jet du disque*, qui exige une grande souplesse ; c'est un exercice renouvelé des anciens et qui a reparu aux modernes jeux olympiques d'Athènes ; rond, en bois dur cerclé de fer, il mesure 22 centimètres de diamètre, 4 centimètres d'épaisseur au centre et pèse 1923 grammes ; dans les concours, l'athlète se place dans un carré de 2 m. 50 de coté, dont il ne peut franchir les limites, en lançant le disque, sous peine de voir son essai annulé ; chaque concurrent a le droit de le lancer trois fois ; on cite parmi les champions Marius Eynard, qui le jeta à 43 m. 11. On pratique un exercice identique avec le boulet, qui pèse 7 k. 250. Notons que les gymnastes très exercés se livrent encore aux jeux icariens, d'origine vénitienne : voltige, pyramide humaine, sauts périlleux, etc.

Diverses méthodes médico-scientifiques font concurrence à la gymnastique acrobatique. En résumé la gymnastique française peut être pratiquée avec fruit, pourvu qu'on n'en abuse pas ; auquel cas elle développerait anormalement certaines parties du corps, le buste et les extrémités supérieures par exemple, aux dépens des autres organes.

Gymnastique suédoise. — Tout autre est l'effet de la gymnastique suédoise, basée sur la thérapeutique et la connaissance approfondie de l'anatomie humaine. Le guerrier et maître d'escrime Ling parvint à se guérir de douleurs opiniâtres, à l'aide de mouvements soigneusement étudiés ; lorsqu'il en eut observé sur lui-même l'heureux effet, il généralisa sa méthode et fonda un institut à Stockholm en 1815. Répandue d'abord en Suisse et en Allemagne, la gymnastique suédoise est enseignée depuis 1900 en France. Son but est de perfectionner à un degré égal le corps entier et d'assurer les fonctions primordiales de l'organisme, respiration, circulation, nutrition. Elle y parvient en faisant travailler les muscles dorsaux, latéraux, abdominaux ; et par une série de mouvements appropriés ou des exercices à l'espalier ou au « bomme », élargit la poitrine, et rectifie les mauvaises attitudes : donner ici le détail de ces exercices serait plutôt nuisible au lecteur, parce que leur efficacité dépend de la perfection avec laquelle ils sont exécutés. Un bon maître est nécessaire, et ces maîtres sont plus rares qu'on le pense.

Lutte. — Les Grecs ont beaucoup pratiqué la lutte ; ils connaissaient : la *lutte debout*, où l'athlète devait renverser trois fois son adversaire ; la *lutte à terre*, analogue à notre lutte au tapis, enfin la lutte que nous appelons *grecque*, où les lutteurs ne combattaient qu'avec les mains, sans avoir le droit de se prendre à bras-le-corps ; on ne permettait ni coups, ni chocs, qui formaient un exercice spécial, le *pugilat* ; plus tard cependant, le *pancrace* combina les deux genres de combat. Les athlètes luttaient nus ; le corps était frotté d'huile, puis poudré de sable ou même arrosé de boue, si bien qu'à la fin de la joute, il fallait râcler les chairs avec un couteau de bois le *strigille*. La lutte debout faisait partie des grands concours nationaux ; les femmes n'avaient pas le droit d'assister aux jeux olympiques et lorsque l'une d'elles s'y hasardait sous un déguisement masculin, on la précipitait du haut d'un rocher peu éloigné.

Très populaires en Grèce, ces exercices le furent moins à Rome, où les professionnels accentuèrent son caractère de brutalité.

Notre lutte moderne, ou lutte gréco-romaine, a beaucoup de points de ressemblance avec celle des anciens. Pendant les siècles derniers elle ne fut pas très en faveur en France, si ce n'est en Bretagne, dont les lutteurs furent longtemps célèbres comme champions de poids léger; les Allemands par contre et les Suisses se distinguaient dans les poids lourds. Ce n'est guère qu'au XIXe siècle que l'opinion s'intéressa à la lutte rénovée par les nègres américains ; il y eut alors quelques rencontres fameuses, entre autres celle où l'athlète bordelais Exbroyat écrasa la tête de son adversaire, un nègre qui avait combattu de façon déloyale. Depuis quelques années l'intérêt du public s'est réveillé ; partis des champs de foire, les lutteurs se produisent actuellement sur les planches des théâtres. Les vainqueurs se font une réputation aussi universelle que durable ; nombreuses sont les célébrités de la lutte de Loubet de Nîmes à Pons, du turc Karu-Ahmed à Laurent le Beaucairois, de Constant le Boucher au russe Padoubny.

La lutte française, qui est une lutte à mains plates, défend certains coups dangereux autorisés en Amérique, tels que les coups au-dessous de la ceinture, les crocs-en-jambe, les prises de doigts ou de jambes, les bras retournés, le collier de force, etc., on ne peut prendre l'adversaire qu'au dessus de la ceinture. Les coups permis sont très nombreux et peuvent se faire debout ou à terre. Citons : les trois ceintures de devant, d'arrière et de côté et les ceintures à rebours et de travers, la cravate, le tour de bras, le tour d'épaule, le bras roulé, le tour de hanche en ceinture, etc. ; presque tous ont leur parade. Pour vaincre, il faut faire toucher terre aux deux épaules à la fois ; si un lutteur abandonne l'arène, avant que ce résultat soit obtenu, il est considéré comme battu ; le combat a lieu en silence ; les athlètes luttent ordinairement le torse nu ou recouvert d'un maillot.

La lutte pratiquée par les amateurs est un sport hygiénique, parce qu'elle met en jeu tous les muscles.

Boxe. — « La boxe est le plus court chemin d'un *poing* à un autre ». Ce calembour définit assez clairement la boxe, pour qu'il soit inutile d'insister.

Le pugilat a été pratiqué par les anciens ; tout d'abord, les athlètes combattaient le poing nu, puis ils prirent dans la main une boule de pierre ou de métal, ce qui rendait les coups plus violents ; enfin ils se protégèrent la main avec des lanières de cuir souvent munies de fer ou de plomb : c'est ce qu'on appelait le ceste.

Tout le monde sait que l'Angleterre est la patrie de la boxe proprement dite ; les rencontres entre « boxers » y ont toujours attiré une foule considérable qui se livrait à des paris très importants. On peut dire que toutes les classes de la société savent la boxe, et l'utilité de ce sport est augmenté encore par ce fait que le duel est inconnu en Angleterre. Les principales règles ont été fixées au milieu du XVIIIe siècle par le champion Jack Broughton.

La boxe anglaise interdit les coups de pied et de tête, les coups de pied bas, coup de pied de pointe, coup d'arrêt, coup de pied de flanc, coup de pied tournant. Elle considère également comme incorrect la prise de l'adversaire et les coups au-dessous du nombril. On peut donner par contre le coup de poing direct, le coup de poing de côté au visage ou au cou, le coup de poing direct au corps (dans l'estomac), le coup de poing de côté au corps. Deux coups d'égale force, appliqués en des régions différentes du corps n'ont pas le même résultat ; les boxeurs cherchant surtout à faire perdre connaissance à leurs adversaires, visent dans ce but les points vulnérables, particulièrement, le creux de l'estomac, la pointe du menton et la carotide ; si le coup est bien appliqué l'athlète tombe sans connaissance sur le ring ; il est *knock-out*. Le *knock-out* est en effet le coup qui met le boxeur hors de combat. Un choc violent entre les deux yeux a pour résultat d'aveugler momentanément ; si le pugiliste n'est pas revenu de son étourdissement dans les délais réglementaires, il est considéré comme vaincu. Généralement un match comprend trois rounds (reprises), les deux premiers de trois minutes, le dernier de quatre minutes ; deux adversaires d'égale force pourront toutefois se mesurer en un plus grand nombre de rounds. En boxe, le coup de poing doit être donné avec les os métacarpiens.

La boxe française a ajouté les mouvements de la boxe anglaise à ceux de notre ancienne « savate » ; elle résulte donc d'une fusion des deux systèmes de combat ; c'est le célèbre professeur Lacour — un homme de génie prétendait Alexandre Dumas — qui imagina cette combinaison. Bien entendu, les Anglais considèrent notre boxe comme inférieure, vulgaire et tout à fait indigne d'un gentleman ; il n'en est pas moins vrai qu'elle constitue une redoutable méthode de combat qui convient parfaitement à nos qualités d'agilité et de souplesse.

Les professionnels de boxe doivent pouvoir « encaisser » sans broncher les chocs les plus rudes ; ils suivent dans ce but un entraînement spécial de « durcissement », qui les rend moins sensibles aux coups. Les amateurs s'exerceront avec profit contre les ballons à boxer, que l'on peut placer dans n'importe quelle pièce. Tous les jeunes gens devraient connaître la boxe.

Jiu-jitsu. — Le jiu-jitsu est nouveau venu en Europe, mais il a rapidement conquis ses lettres de naturalisation. Actuellement sport national du Japon il était autrefois en ce pays l'apanage de la caste dominatrice et guerrière des Samouraï.

Triomphe de l'agilité sur la force brutale, le jiu-jitsu permet de vaincre sans armes un adversaire et de le réduire à l'impuissance. Il comprend des coups nombreux : attaques, parades, torsions de membres, « clés au bras » ou armlock, qui se font aux parties les plus vulnérables du corps humain ; il enseigne les coups du tranchant de la main du côté du petit doigt, qui est d'ailleurs soumis à des exercices spéciaux de durcissement. Le jiu-jitsuiste frappe la carotide, la pomme d'Adam, le creux de l'estomac, la région du cœur, le sommet de la nuque à la base du crâne (où se fait le coup du lapin), etc. ; il retourne et tord les doigts, les phalanges, les poignets ; en prenant à faux les bras ou les jambes il obtient des fractures ou des désarticulations. Il faut pour pratiquer le jiu-jitsu un long entraînement.

Cette méthode n'est qu'en partie originale, puisque certaines de ses pratiques sont connues de la savate marseillaise. Mais il complète la boxe française et anglaise et peut rendre de véritables services en cas de surprise ou d'attaque par des criminels. La préfecture de police s'est attaché un professeur de jiu-jitsu. Des matches très courus entre champions japonais et champions européens ont transformé ce genre de combat en sport à la mode surtout en Angleterre, où les jeunes misses demandent au jiu-jitsu l'adresse qui triomphe de la force.

Courses. — La course a joué un grand rôle chez les peuples primitifs et chez les anciens, où elle était de première utilité, tant pour échapper à l'ennemi que pour porter rapidement les nouvelles. Les jeunes filles hellènes s'y exerçaient dans les prairies. Les courses occupaient le premier rang dans les stades grecs ou dans les cirques romains. Une des catégories les plus curieuses, en honneur à Athènes, était les lampadophories ou courses au flambeaux, dans laquelle les coureurs portaient un flambeau qu'ils devaient garder allumé. Si cette course est aujourd'hui négligée, on en trouve quelques exemples au moyen âge, par exemple dans les villages du Centre de la France. Il fallait y faire preuve d'autant d'habileté que de vitesse, de même que dans les courses basques, où les femmes portent une cruche pleine d'eau sur la tête.

La course à pied est un sport très populaire, peut-être parce que c'est un exercice simple, naturel et peu coûteux, puisqu'il n'entraîne d'autres frais que ceux du costume, soit un maillot léger et des culottes flottantes. Un très grand nombre de sociétés les favorisent à l'exemple du Racing-Club, du Stade français et de l'U. S. F. S. A., qui ont organisé des matches et en ont fixé les règlements. On distingue deux sortes d'épreuves : les épreuves handicap et les épreuves scratch. Pour que les concours ne soient pas toujours gagnés par les mêmes athlètes dont la supériorité est reconnue, on a cherché à égaliser les chances des concurrents par le *handicap ;* en quoi consiste-t-il ? « C'est, nous dit Raoul Fabens dans les *Sports pour tous*, une course ou un concours dans lesquels les chances de tous les concurrents se trouvent égalisés par suite de *rende-*

ments. Dans les concours hippiques, le meilleur cheval, *rend* des points à ses adversaires, c'est-à-dire que ceux-ci portent des poids moins élevés et proportionnés à leur valeur respective. Dans les courses de bicyclette et dans les courses à pied sur piste, ainsi que dans les concours athlétiques, le meilleur athlète *rend* aux autres une certaine distance en mètres ou en centimètres. Dans les courses sur routes, dans les cross-country le meilleur homme *rend* à ses rivaux un certain nombre de minutes ou de secondes. Dans les jeux de balles, lawn-tennis, paume, etc., le joueur ou le camp le plus fort rend à l'autre des points ». La valeur de chaque concurrent est examinée par le « handicapeur », qui, prenant pour point de départ les performances de chaque athlète, place en première ligne le meilleur coureur dit « scratchmann », et en dernière ligne le plus faible « limitman » ; entre ces deux-là seront échelonnés les autres concurrents au prorata de leur valeur. Le scratchmann part de la raie, scratch ; les autres seront avantagés et partiront 10, 15, 20, 30 mètres devant la raie. On appelle épreuve scratch, celle où tous les coureurs partent de la raie (scratch). Le handicap peut être secret, auquel cas on attribue aux concurrents, après la fin de la course, des rendements qui s'additionnent avec les résultats déjà obtenus par eux. A un autre point de vue, on divise les courses en cross-country, courses sur piste, courses sur route.

Cross-Country. — Comme son nom l'indique, le cross-country (*cross*, à travers, *country*, contrée) se court en pleine campagne. Un traceur ou lièvre, après une étude sérieuse du terrain, part avant les crossmen et trace une piste avec des confettis ou mieux des rognures de papier. Cette piste doit revenir à son point de départ après avoir emprunté routes, chemins et sentiers, traversé des bois et des champs, et franchi des obstacles de toutes sortes, tels que rocher, ruisseau, barrière, haie, talus ; elle doit comprendre des montées et des descentes. En Angleterre le cross-country est surtout couru en terres labourées. Le traceur fera bien de contourner les obstacles dangereux, comme les carrières profondes, voie de chemins de fer, etc., pour éviter les accidents, bien superflus, puisqu'il s'agit d'un sport, c'est-à-dire d'un divertissement. Les crossmen ou concurrents, forment la meute suivant cette piste et celui qui arrive le premier est le gagnant.

A la différence du rallye-paper, tombé en défaveur, le cross-country ne cherche pas à dépister les coureurs par de fausses pistes ; au contraire les rognures doivent être semées en assez grande quantité, pour marquer nettement le parcours à suivre.

Ce sport est pratiqué par tous les temps, de novembre à mars ; les concurrents s'entraînent chaque dimanche en vue du championnat interscolaire ou du championnat de France, qui se court sur une distance de 16 kil. 600 ; le championnat d'Angleterre se dispute sur 10 miles soit 16 kil. 093.

Le cross-country, très amusant, très varié par ses péripéties et par les difficultés inopinées qu'on y rencontre, développe l'intelligence, la rapidité de décision du *chien*, qui, d'un coup d'œil, doit voir le parti à prendre devant l'obstacle. Dévaler les pentes grimper les côtes, franchir les haies, traverser les taillis, est-il sport plus sain, plus vivant, plus intéressant pour la jeunesse? Tous les coureurs prennent le plus vif plaisir à exercer leur force et leur souplesse dans l'air pur du matin, parmi les grands arbres impassibles.

Course sur piste. — Les pistes sont en gazon, en terre battue comme en Amérique, ou en cendrée, c'est-à-dire en scories pulvérisées. Les courses sur pistes comprennent les courses plates de vitesse, les courses de fond et les courses d'obstacles. Les amateurs peuvent naturellement s'exercer sur des distances déterminées par eux, mais il est préférable de prendre pour exemple les épreuves officielles. Les courses plates (par opposition à courses de haies) de vitesse, se disputent sur les distances du championnat de France : 100, 400, 800 et, épreuve de demi-fond, 1,500 mètres, ou sur les distances également classiques de 500 mètres et 1000 mètres.

Le signal du départ est donné par le coup de pistolet du « starter ». Pour marquer la ligne d'arrivée, on tend à travers la piste un fil de laine qui sera rompu par le corps du coureur qui s'est placé le premier. Un bon départ est indispensable pour les courses de vitesse. Celle de 400 mètres est considérée comme l'épreuve la plus dure, parce que le coureur se lance à toute allure comme dans celle de 100 mètres. Les concurrents portent généralement des souliers à pointes et prennent dans les mains des « poignées » de liège, qui empêchent les ongles de pénétrer dans la paume.

Les courses de demi-fond et fond exigent, outre de la vitesse, une grande résistance ; ici les concurrents doivent suivre une tactique qui variera selon leur tempérament ; les uns s'attachent pas à pas au meilleur coureur pour s'efforcer de le dépasser dans les derniers mètres ; d'autres partent en tête, s'ils savent mener, et tâchent de rester à l'avant. La grande épreuve pédestre de cette catégorie est le prix Roosevelt : 4,827 mètres, couverte par Fleurac en quinze minutes cinq secondes deux cinquièmes.

En Amérique la mode est aux *Courses de relais* où les concurrents marchent par équipes, de deux ou plusieurs coureurs se relayant facultativement. La dernière grande épreuve de ce genre, course de New-York de mars 1909, a été gagnée par deux Français Cibot et Orphée, qui, se relayant à volonté, ont couvert en six jours l'énorme distance de 1,178 kilomètres, sur une piste ouverte de 160 mètres de tour, ce qui représente un train moyen de 8 kil. 300 à l'heure.

Dans les courses d'obstacles, les distances classiques sont : la course de haies de 110 et 400 mètres, le steeple-chase de 4,000 mètres. Dans le 110 mètres haies, la piste est coupée de 9 en 9 mètres de dix haies ou barrières d'une hauteur de 1 m. 06 de hauteur. Dans les courses de 200 et 400 mètres il y a également dix barrières à franchir, mais la hauteur en est alors de 0 m. 90. Le bon coureur doit s'exercer à « enjamber » les obstacles et non à les sauter en réunissant les pieds. Le steeple-chase, dont le parcours est semé d'obstacles, mur, haies, rivières, se court sur des distances de 2,500 à 4,000 mètres.

Course sur routes. — Aucun terrain spécial n'est nécessaire et c'est là l'une des raisons qui expliquent le succès des courses sur routes ; en outre, depuis quelques années l'épreuve de « Marathon », qui intéresse vivement l'opinion, a ramené l'attention du public sur ce sport. Cette épreuve se dispute chaque année sur 40 kilomètres. Distance et nom sont empruntés à un fameux épisode de l'histoire grecque : un soldat courut d'une traite de Marathon à Athènes pour annoncer aux Athéniens la victoire remportée sur les Perses et il mit une telle hâte à porter l'heureuse nouvelle, qu'en arrivant, il tomba mort de fatigue.

Généralement les courses sur routes comprennent de 12 à 40 kilomètres et se disputent de mai à octobre ; ce sont des épreuves assez pénibles, dont les cardiaques feront bien de s'abstenir, et qui exigent un entraînement particulier. Les spécialistes préconisent la marche comme meilleur moyen d'entraînement; mais si l'on se prépare à un concours, il faudra également couvrir à la course des parcours de plus en plus longs ; on ne tardera pas à obtenir d'excellents résultats si on possède quelque résistance.

Parmi les records établis dans les siècles précédents, on ne peut passer sous silence la belle performance d'un laquais du comte de Polignac qui « âgé de plus de soixante ans, fit le trajet du Puy à

Paris, aller et retour, soit environ 800 kilomètres en sept jours et demi, ne dormant que quatre heures sur vingt-quatre et le reste du temps arpentant les routes avec les jambes qu'il avait fort longues » (1).

Saut. — Le saut est un exercice naturel à l'homme, mais qui exige de la souplesse. Le principe dont il est nécessaire de se bien pénétrer, avant de sauter, c'est qu'il faut « se recevoir » sur la *pointe des pieds*, les jambes fléchies et la tête droite ; une chute sur les talons pourrait être très grave, sinon mortelle. Tous ceux qui font du tourisme, des ascensions, ceux qui se livrent au cross-country, etc., doivent s'exercer à bien sauter. C'est un sport très utile. Rencontre-t-on un obstacle, mur, barrière, etc. ; il est possible de le franchir de diverses manières. On peut : 1° le sauter de pied ferme ou avec élan ; 2° le franchir en s'y appuyant d'une main sur laquelle pivote le corps ; 3° poser les deux mains sur l'obstacle et sauter en faisant passer les jambes fléchies dans l'espace laissé par l'écartement des deux mains : cette dernière manière demande plus d'habitude. Se trouve-t-on en présence d'une barrière plus élevée, mieux vaudra alors recourir à la perche, si on peut en trouver une qui offre des garanties de solidité ; il suffit qu'elle soit de 50 centimètres environ plus haute que l'obstacle. On place les deux mains l'une au-dessus de l'autre, près de l'extrémité supérieure de

(1) Ch. Fleurigand. *Jeux, sports et grands matches.*

la perche ; on prend son élan, on s'enlève ; quand elle arrive à la position verticale, on fait une traction avec les bras et on jette vivement les jambes de côté, horizontalement ou même plus haut que la tête ; on abandonne alors la perche pour se redresser et retomber sur la plante des pieds. On arrive, avec de l'entraînement à sauter des obstacles de plus de 2 mètres et 2 m. 50 de haut.

Les différentes catégories de saut, en hauteur, en largeur, à la perche font partie des exercices athlétiques réglementés et il existe pour chacun un championnat annuel. Dans les concours officiels de saut en largeur, la distance franchie est calculée du point de départ, à la plus proche empreinte marquée par le corps, c'est-à-dire que si, en retombant, on met les mains derrière soi, comme il arrive souvent pour rétablir son équilibre, la distance sera comptée à partir de l'endroit où cette main touche le sol. Pour le saut en hauteur, on ne se sert plus du tremplin, ce qui eut semblé, il y a quelques années seulement, une grave hérésie à nos maîtres de gymnastique.

Enfin on s'exerce également à sauter en arrière ; on ne franchit alors que de petites distances.

Notons que les anciens, pour augmenter l'impulsion donnée au corps par les bras, sautaient avec des poids ou haltères dans les mains.

On cite des exemples de sauts particulièrement remarquables. Ainsi le colonel Amoros créateur de la gymnastique française, dit avoir connu un Anglais capable de franchir une rivière de 10 mètres de large. Un nommé Irland, vivant au XVIIIe siècle, sautait dix chevaux rangés côte à côte. Les Grecs relatent le record de Phayllius de Crotone, qui franchit d'un seul bond 19 mètres.

Un auteur digne de foi conte que le sauteur Grimaldi donnait une représentation à la foire de Saint-Germain en 1742, quand il fit le pari de bondir jusqu'au lustre qui éclairait la scène de fort haut. Il s'élança d'un bond si furieux, que son pied, bousculant la suspension, envoya un des cristaux dans le visage de l'ambassadeur de la Sublime-Porte : Mehemet Effendi. Quand Grimaldi s'approcha du haut personnage pour recevoir des félicitations bien méritées, un esclave de l'ambassadeur s'empara du pauvre histrion et lui administra une vigoureuse râclée de bois vert ; on dit que le sauteur se consola difficilement d'avoir été pour un soir la tête de turc de ses spectateurs.

Natation. — « Il ne sait ni lire, ni nager », disaient les Romains d'un homme sans éducation ; cette expression nous montre combien la natation était en honneur chez eux ; il en était de même chez les Egyptiens, les Carthaginois, les Grecs. En France c'est depuis quelques années seulement qu'un mouvement se dessine, favorable à la nage. Outre son agrément, ce sport peut être très utile et il faut engager vivement ceux qui en ignorent jusqu'au principe, à prendre quelques leçons d'un maître nageur. Dans les lycées et casernes, on enseigne à sec les mouvements décomposés de la nage : cet exercice préparatoire, qui se fait au chevalet, offre des avantages mais ne suffit pas ;

l'élève ainsi formé sera incapable dans la plupart des cas de se débrouiller seul dans l'eau.

Des gens graves vous disent : Vous voulez nager, observez les grenouilles et faites comme elles. Si le principe est juste, la pratique est difficile. La nage commune ou *brasse* imite les mouvements des batraciens ; l'homme étant plus pesant que le volume d'eau égal à son corps surnage grâce à des mouvements d'extension des bras et des jambes. Le nageur ayant joint ses mains devant la poitrine allonge ses bras en avant ; en même temps les jambes pliées, les talons touchant le bas des reins, se détendent, s'écartent le plus possible, la pointe des pieds en dehors ; ce mouvement a pour effet de pousser le corps en avant. Le nageur écarte les bras, les paumes de la main en dehors, et les ramène par un mouvement circulaire dans leur position primitive devant la poitrine, tandis que les jambes se réunissent et se plient de nouveau, les talons touchant les reins. On recommence et poursuit continuellement ces détentes et ces flexions.

On pratique également la *nage sur le dos*, en faisant la planche, les bras exécutant le mouvement de la godille. Dans la *coupe*, les bras battent l'eau alternativement en avant du corps. Pour apprendre la natation un professeur est presque toujours indispensable ; si l'on ne veut pas prendre de leçons, il vaut mieux franchement s'abstenir de ceintures de liège et des appareils similaires pour avoir recours à l'aide d'un ami qui, de la berge, tiendra une perche et une corde.

Plus difficiles sont les méthodes athlétiques.

J.-B. Trudgeon a fait connaître il y a une quarantaine d'années la nage des indigènes de l'Amérique du sud : on l'appelle du nom de celui qui l'a vulgarisée : le trudgeon ou trudgen : elle a presque les mêmes mouvements que ceux de la coupe, mais plus rapides. En outre l'*over arm stroke* permet d'avancer très vite ; les jambes y dessinent un mouvement de ciseau, tandis que les bras reviennent l'un après l'autre à la surface.

Il y a des concours de vitesse et de demi-fond organisés pour les nageurs et nageuses, puisque celles-ci, suivant l'exemple de miss Kellermann, tentent aussi l'épreuve de la traversée de Paris : cette traversée à la nage a été faite en deux heures dix-huit. Quant à la traversée de la Manche elle a été tentée plusieurs fois et par des hommes comme Holbein, Burgess, Wolf. Seul le capitaine Webbs a réussi en 1875 à aller d'Angleterre en France.

Il faut un entraînement spécial pour apprendre à bien plonger : certains professionnels restent sous l'eau jusqu'à deux et trois minutes.

Si l'on se trouve en présence d'une personne qui se noie, on doit agir prudemment pour lui porter secours et la saisir par derrière, par les cheveux ou bien sous les aisselles ou par le haut du bras. « Lorsqu'on cherche à sauver quelqu'un en plongeant au fond, dit l'instruction de la commission de gymnastique française, il ne faut jamais saisir le noyé que par une seule main ; l'autre est employée avec les pieds pour s'élever à la surface. Si le nageur est saisi par celui qui se noie, il ne pourra se dégager qu'en gardant tout son sang-froid. Du moment qu'il est étreint et qu'il se sent près de couler, il doit prendre haleine, engager vivement les doigts de ses deux mains sous l'extrémité de ceux qui le serrent, les ouvrir par un effort violent et brusque, puis, au même instant, se dégager par une secousse, s'échapper rapidement et aller attendre à l'écart le moment opportun pour ressaisir convenablement le noyé. Dans le cas où celui-ci serait très robuste, il serait bon d'attendre qu'il ait perdu connaissance avant de l'aborder de nouveau. »

Chacun sait que l'on ne peut se mettre à l'eau qu'une fois la digestion terminée, c'est-à-dire trois ou quatre heures après le repas. En résumé, avec de la prudence et quelques précautions, la natation offre peu de danger, et procure à ses adeptes une distraction aussi hygiénique qu'agréable ; elle convient parfaitement à la jeunesse.

III. — CYCLISME

La bicyclette.

Instrument raide
En fer battu
Qui dépossède
Le char tordu.

Vélocipède
Rail impromptu
Fils d'Archimède
D'où nous viens-tu ? (1)

Le vélocipède ne vient pas de loin ; ses ancêtres sont la *draisienne*, inventée en 1816 par le baron de Sauerbron, et le *célérifère* en vogue en 1818 ; ils

(1) Ch. Monselet.

consistaient en une selle allongée, montée sur deux roues d'égal diamètre et assez basses pour que le cavalier put frapper le sol, tantôt du pied droit, tantôt du pied gauche, afin de donner l'impulsion à la machine ; on pouvait faire ainsi du 12 à l'heure. On ignorait alors la pédale à chaîne ou dispositif à cordes, qui ne fut inventée que vers 1855. Un enfant, le jeune Michaud, s'amusait un jour avec un vieux tricycle, quand il eut l'idée d'enlever une roue et, en jouant avec ce nouvel appareil, d'actionner la roue de devant avec les pieds; ce fut le point de départ du vélo ; car Michaud, serrurier en voitures à Paris, fut ainsi amené à créer le vélocipède, qui se fit en bois, en fer, puis en acier. On sait quelle fut sa fortune ; des perfectionnements successifs : freins, gouvernail, rayons, bandage d'étoffe et de cuir aux roues, caoutchouc, pleins, creux (1889) et pneus (appliqués par Dunlop) marquèrent les étapes du succès en dépit des résistances et de l'hostilité, qui accueillent toute invention nouvelle. Le cycle devint le roi du sport. Le bicycle précéda la bicyclette ; nous laissons sa description à une plume plus autorisée (1). « Tandis que le cyclone ravage la province, Paris est victime d'un autre fléau, auquel les savants ont donné le nom de bicycle. Tout le monde sait ce que c'est qu'un bicycle, ne serait-ce que pour avoir été renversé par un de ces dangereux instruments. Rappelons seulement qu'il se compose de deux roues, comme son nom l'indique. Celle de devant

(1) Alfred Capus (1890).

est d'une mobilité extrême et a pour but de pénétrer entre les jambes des promeneurs distraits, de façon à les projeter sur le sol. Celle de derrière sert de point d'appui au bicycliste. Un bicycliste adroit et expérimenté peut renverser de vingt-cinq à trente personnes par jour... c'est surtout l'enfant qui est le triomphe du bicycliste. Il peut en renverser trois ou quatre d'un seul coup et détruire un pensionnat en moins d'une demi-heure ». Mais l'équilibre était trop instable sur le bicycle, comprenant une grande roue motrice et une petite roue d'environ 0 m. 40, et les chutes en avant étaient trop nombreuses. Le tricycle, non encore muni de moteur, ne convenait qu'aux gens paisibles. La « bécane » rallia tous les suffrages ; la première fut construite en Angleterre en 1880. Elle se compose de deux roues égales réunies par un cadre ; celle d'arrière est motrice et l'effort sur la pédale lui est transmis par une chaîne, munie de deux engrenages multiplicateurs. Dans l'acatène (sans chaîne) la transmission a lieu par une tige métallique et un double engrenage.

De nouveaux perfectionnements sont apportés chaque année à la bécane, qui est presque parfaite : frein sur roue d'arrière, roue libre, changement de vitesse, rétropédalage, etc. Lorsqu'on achète une bicyclette il ne faut pas prendre un développement trop élevé : 6 mètres à 6 m. 80 convient pour la plaine, 5 mètres à 5 m. 50 pour les routes ordinaires, 5 mètres au maximum pour les régions montagneuses.

La bicyclette est autant un moyen de transport qu'un sport ; sa pratique ne peut qu'être bonne à la santé, si on n'en abuse pas ; elle n'occasionne d'accidents qu'aux téméraires. Beaucoup de cyclistes négligent de se munir d'un frein, parce qu'on peut freiner, soit en appuyant sur les pédales, soit avec le pied sur le sol, soit encore avec le pied sur la roue d'avant ; c'est une imprudence. Ceux qui voyagent en montagne ont la ressource d'attacher pour les descentes, à la roue d'arrière, une grosse branche d'arbre, qui, traînant sur le sol, fait office de frein.

Les courses se sont multipliées, sur routes (Paris-Brest, Paris-Bordeaux) comme sur pistes dans les vélodromes, avec ou sans entraîneur, épreuve scratch ou épreuve handicap de vitesse ou de fond. Les champions sont arrivés, derrière motocyclette, à faire tout près de 100 kilomètres à l'heure. Les championnats ne sont d'ailleurs réglementés que depuis une douzaine d'années.

Enfin la bécane permet des variations sans nombre, marche en arrière, courses de lenteur, jeux et acrobaties de toute nature.

Motocyclette. — Voulez-vous avoir la sensation de la vitesse ? Faites de la moto. Ceci est admirable qu'un amateur puisse couvrir sur routes, sans aucun effort, des 40, 50 kilomètres et plus, à l'heure, avec simplement deux roues entre les jambes. Toute moto ou bicyclette transformée comprend nécessairement : *moteur à deux ou quatre temps, carburateur à pulvérisation, bobine d'induction, accumulateur* (magnéto ou pile), *transmission* (chaîne, engrenage, courroie), *réservoir* d'huile, d'essence, d'eau.

Si l'on fait ajouter des engins moteurs à une bicyclette, il faut avoir soin de faire vérifier la solidité des diverses parties de la machine, et si possible de les faire renforcer : la fourche principalement doit être très solide ; exiger des pneus résistants et un cadre très rigide. Il faut que les organes puissent résister : 1° aux vibrations ; 2° à l'augmentation de vitesse ; 3° à l'augmentation de poids. On construit pour courses des motos d'une force de 6, 8, 10 chevaux à deux et quatre cylindres ; il est plus pratique de se contenter de 2 à 3 chevaux, la moto ne pesant que 35 à 55 kilos ; généralement on emploie alors le moteur à un cylindre. Le moteur est au pédalier.

Avant d'entreprendre une excursion un peu longue, il sera bon d'apprendre à bien connaître sa machine, de savoir manœuvrer à propos les manettes, enfin de devenir un peu mécanicien, pour obvier aux pannes ; car rien n'est moins drôle que de traîner une moto inerte. Mais elle est maintenant assez perfectionnée pour satisfaire ses fervents. C'est un sport passionnant, dont le succès ira croissant et qui ne peut manquer de se démocratiser.

IV. — SUR LA GLACE ET SUR LA NEIGE

Patinage. — Le patin primitif n'était autre chose qu'une chaussure munie d'un morceau de bois durci au feu ; on remplaça ensuite le bois par un os de mâchoire de vache ou de cheval ; ce patin était encore en usage au XIe siècle ; puis on fixa sous la sandale de bois une lame de métal.

On patina furieusement sous Louis XV et sous le premier Empire, époque où le professeur Garcin inventa le patin à roulettes, qui n'est plus guère usité qu'en Amérique ; la roulette, permettant de patiner sur les parquets, n'a plus de raison d'être, depuis qu'il existe des établissements offrant toute l'année des pistes de glace artificielle.

Actuellement, le patin comprend une semelle d'acier, traversée en dessous par une lame d'acier ; cette semelle est fixée à la chaussure par un étrier à vis, système qui a remplacé depuis 1549 les simples courroies. Un débutant ne manquera pas de prendre quelques « pelles », tant l'équilibre est instable sur la glace polie ; en peu de leçons il apprendra à faire les « pas en dedans » et les « pas en dehors », plus difficiles ; pour s'arrêter, il faut lever la pointe des pieds et appuyer les talons sur la glace, en courbant le corps en avant, ou bien, méthode plus délicate, mettre les pieds en équerre en rapprochant les talons.

Le patinage est chez nous un sport charmant, élégant ; mais il est nécessaire d'émigrer sous des climats plus rudes pour en goûter tous les charmes. Déjà les Berlinois se rendent à leur Versailles, Potsdam, en patinant sur la Havel. En Hollande, c'est un moyen de transport, usité par les paysans et paysannes pour porter leurs denrées aux marchés des bourgs et villes ; ils parcourent le lacis de leurs canaux à 20 et 30 kilomètres à l'heure. En Scandinavie, on se lance sur d'immenses lacs, où le patineur, perdu comme une barque en mer, ne voit aucun obstacle arrêter son élan et goûte toutes les voluptés d'une vitesse folle sur un miroir infini. Parfois un cheval entraîne le promeneur qui glisse sur ses patins, sans faire le moindre effort ; parfois encore il tient dans ses mains une voile tendue sur une armature de bois et le vent chasse à une allure vertigineuse (jusqu'à 90 kilomètres à l'heure) le hardi patineur.

Des concours et championnats se disputent chaque année en France et à l'étranger. Certains concurrents dansent et valsent sur la glace ; les autres y dessinent les figures les plus compliquées : le cœur, le trèfle, la pensée, etc. ; d'autres y luttent de vitesse, ayant chaussé le patin de course, beaucoup plus long, 0 m. 60 environ. Tous y font assaut de grâce et de souplesse.

Enfin on joue au hockey sur la glace ; les règles sont les mêmes que sur la pelouse ; les joueurs qui doivent être d'une très grande dextérité poussent, au lieu de balle, un palet en bois ; notons que ce jeu était autrefois connu des Français, qui, notamment en Auvergne, s'adonnaient, sans patin toutefois, à la « crosse » sur les étangs glacés.

Le patinage fait, chaque année, des progrès et voit s'augmenter le nombre de ses partisans en France.

Ski. — Le ski ou patin à neige (on écrit aussi sky) se compose d'une longue planche de bois flexible, le plus souvent du frêne, recourbée à l'avant ; sa longueur varie selon la taille de la personne à laquelle il est destiné : elle doit être de 1 m. 75 à 2 mètres pour les petites tailles, de 2 m. 15 à 2 m 50 pour les grandes tailles ; l'épaisseur est environ de 25 millimètres à la pointe et de 30 millimètres sous les pieds ; la largeur est de 10 centimètres. Le ski se fixe au pied, de différentes manières, tout en lui laissant une certaine liberté : par des courroies, un étrier en fer, des attaches avec tendeur-levier Hoyer Ellefsen, etc. Le skieur se sert d'un bâton ferré, d'une hauteur de 0 m. 90 à 1 m. 60 et pourvu à son extrémité inférieure d'une rondelle évidée en bois, en jonc ou en cuir, qui a pour effet d'empêcher le bâton de trop enfoncer dans la neige.

Sport national des Scandinaves, nous voyons dès 1200 les rois se servir de skieurs pour éclairer leurs armées. Le ski n'est connu que depuis peu en France. Les premiers concours de Chamonix eurent beaucoup de succès ; le club alpin a grandement contribué à le répandre dans les Alpes, les Pyrénées, en Auvergne même. Sport ou moyen de locomotion, il permet de parcourir rapidement de grandes distances ; la vitesse obtenue est vertigineuse sur les pentes escarpées. Il suffit que la neige soit un peu gelée, offrant une légère croûte de glace, pour que le plaisir soit entier. Si le skieur rencontre un obstacle, une crevasse, etc., il la franchit par des bonds énormes qui atteignent 20, 30 et 40 mètres. Ce merveilleux exercice développe la vigueur des muscles, la souplesse du corps et fortifie au plus haut point la volonté et le sang-froid.

C'est un indispensable moyen de transport dans

les régions montagneuses ou dans les plaines de Russie, du Canada, etc. En Asie les Toungouses se font traîner en ski par des rennes. L'armée russe possède des bataillons de skieurs qui ont parcouru 697 kilomètres en 10 jours par vingt degrés de froid et en pleine tourmente de neige. Nous mêmes avons depuis 1903-4, à Briançon, une école de ski pour les 14e et 15e corps sous la direction du capitaine Bernard ; nos premiers skieurs militaires ont été formés par une mission norvégienne et parcourent des distances de 100 kilomètres en une journée. Certains coureurs entraînés dépassent 200 kilomètres en un seul jour. C'est assez dire l'intérêt du ski.

Traîneaux et bobs. — Luge, toboggan canadien, bob, bobelet ou bobsleigh, skeleton, ne sont que des variétés de traîneaux sur patins. On luge assis ou couché à plat ventre, ainsi sur le skeleton, à une ou plusieurs personnes sur le même traineau ; et l'on se grise de vitesse en glissant à toute allure, sur les pentes neigeuses ou les pistes de glace. Sport charmant, et qui convient, comme le patin ou le ski, aux deux sexes. Ce n'est pas seulement la Suisse, avec Davos et Moritz dont la piste atteint 1.200 mètres de long, ce sont maintenant les Alpes et les Pyrénées, Chamonix, Briançon, Eaux-Bonnes, etc., qui attirent les amateurs de ces sports. N'avez-vous pas assisté, cet hiver même de 1909, au concours très réussi de luges et bolsleighs et au cross-country de ski, disputé sur les coteaux de Saint-Cloud ? Quand aurons-nous un championnat de bobs et skis sur les Champs-Élysées?

La difficulté, en la luge primitive, consistait à la diriger ; les courbes multipliaient les occasions de chutes élégantes ; on adapte maintenant à l'avant une direction et des freins dont le mécanisme varie, ce qui n'empêche pas lugeurs et lugeuses d'aider aux virages difficiles, en se penchant et en tendant le bras hors du traîneau.

On se sert depuis longtemps au Canada, ou sur les bords de la Volga et autres pays froids, des traîneaux ou yachts à voiles, qui viennent d'être importés en Europe et que nos stations d'hiver connaissent déjà.

En un mot, patin, ski, luges et bobs sont assez passionnants pour nous faire oublier les sports d'été, quand la neige veut bien transformer la France en petite Sibérie.

V. — LES ARMES

L'escrime. — « C'est l'art de donner sans jamais recevoir ». Cette définition que Molière met dans la bouche de la Nicole s'applique à l'escrime de tous les temps. Les Romains tenaient en honneur l' « armatura » et s'exerçaient contre des pieux, comme nos escrimeurs modernes tirent au mur.

L'escrime du moyen-âge n'avait presque rien de commun avec celle de nos jours ; on se servait de larges et lourdes épées, en frappant de taille ; on parait avec le bras gauche, armé du bouclier, ou avec la dague ; les duels, d'autant plus fréquents qu'ils étaient fréquemment imposés par l'autorité judiciaire, comme « combats de Dieu », étaient presque toujours mortels, le vainqueur achevant au poignard le vaincu. L'escrime n'était alors que l'art de tuer. Nous savons que Paris possédait dans le seul quartier du Marais, « *sept escrémisseurs* » (maîtres d'escrime) en 1292. Le premier traité d'escrime qui eut de l'influence fut celui de l'italien Marozzo en 1536. Les Espagnols introduisirent l'usage d'une longue et fine lame et vers le milieu du XVIe siècle, à l'épée lourde, espadon, lansquenette, braquemart, succéda en France la rapière effilée. Règlementée par la Boëssière, illustrée par le chevalier de Saint-Georges, l'escrime française était dès lors créée ; les maîtres d'armes la perfectionnèrent peu à peu, se transmettant en outre certaines « bottes secrètes », qui permettaient de mettre à mal son adversaire selon toutes les règles de l'art. Le fleuret révolutionna et rénova l'escrime et les duels devinrent moins meurtriers. On raconte qu'un jour le chevalier de Saint-Georges répondit à un maître d'arme insolent qui lui demandait « où il perchait ».

« A l'arche Marcon ; j'y serai demain matin à six heures. »

Le maître s'y étant rendu, Saint-Georges lui fit sauter l'arme des mains au premier coup ; puis, faisant apporter par son nègre une brassée de fleurets, il se procura le plaisir de les briser successivement sur le dos de son adversaire.

On se trouve aujourd'hui en présence de deux

méthodes rivales : l'italienne et la française. Les armes même diffèrent ; le fleuret italien étant plus long et plus souple que le français et fixé par sa coquille à la main du fleurettiste ; le fleuret français, dont la garde consiste en deux anneaux, dessinant un 8, saute au contraire facilement des mains. Si nombreux qu'aient été les assauts, même à fleuret démoucheté, entre les maîtres des deux pays, il est impossible d'affirmer la supériorité de l'une ou l'autre méthode.

Beaucoup plus mouvementée, comprenant des changements de main, des appels, des bonds, des cris, tout un jeu de scène émouvant, l'escrime italienne fait ressortir le jeu classique, correct, maître de lui, sobre de gestes de l'escrime française. L'italienne est plus agressive ; la française est plus habile à la parade et à la riposte. Le Français en garde plie à peine sur les jambes ; l'Italien s'asseoit sur les jarrets et parfois se rase à terre complètement, pour laisser passer l'arme de l'adversaire au-dessus de lui.

L'escrime au fleuret, féconde en feintes, en roueries, en finesses, prépare au combat à l'épée. Mais nombre d'épéistes compétents affirment qu'il est préférable de ne s'exercer qu'à l'escrime à l'épée directement, en négligeant le fleuret.

Science noble, l'escrime est et restera un sport aussi hygiénique qu'utile ; elle exige de la souplesse, de la vitesse, un œil exercé, une décision vive et du sang-froid. Les lycées et écoles possèdent des salles où les élèves s'instruisent pour les championnats interscolaires. Dans les assauts, d'une durée de 12 minutes, le vainqueur est celui qui a boutonné le plus grand nombre de fois son rival ; tout coup d'épée est bon ; mais le fleurettiste ne doit frapper qu'entre la clavicule et les hanches.

L'escrime comptant près de 12,000 coups, feintes et parades, il est superflu d'en vouloir donner ici un aperçu : d'ailleurs, plus qu'en aucun autre sport un bon maître est indispensable.

Le tir. — Les Français sont des tireurs émérites et remportent de nombreux prix dans les concours internationaux. Les sociétés de tir mettent des terrains, stands, à la disposition de leurs membres : l'Union des Sociétés de tir de France a été fondée par Déroulède en 1886.

On tire debout, à genoux, couché, à bras francs ou avec appui. Les premières qualités d'un tireur sont : du sang-froid et une bonne vue ; la pratique des armes à feu apprend à appuyer solidement l'arme contre l'épaule, à n'engager dans la gâchette l'index de la main droite que jusqu'à la deuxième phalange, et enfin à bien soutenir le fusil de la main gauche. Les règles sont à peu près les mêmes pour le revolver et le pistolet.

Le tir sur cible prépare au tir au gibier, car on peut viser sur des cibles mouvantes ; pourtant un bon chasseur ne se formera qu'à la chasse. Le tir aux pigeons vivants est onéreux parce qu'il exige des pigeons de races spéciales, et une installation assez coûteuse : cinq boîtes, disposées en éventail de cinq en cinq mètres, à trente mètres du tireur, sont ouvertes, grâce à un système de fils, par le

« pouleur » ; le tireur ne sait quelle boîte s'ouvrira et devra avoir l'expérience de ce tir pour frapper le but. Moins coûteux est le tir aux pigeons artificiels lancés par le projecteur ou ball-trap, qui lance une sorte de soucoupe en terre à poterie ou en matière plastique, dont la trajectoire imite le vol de l'oiseau.

Les duels au pistolet étant nombreux, il est important de connaître la récente invention du docteur Devillers, qui apporte à ce sport un élément nouveau en permettant les « poules » au pistolet ; dans ces assauts les adversaires se servent de balles assez friables, pour n'être pas dangereuses, tout en étant assez denses pour assurer la précision du coup ; les projectiles, inventés par le docteur Devillers, sont à base de cire ; les tireurs portent un masque à grillage, des gants et une longue blouse. L'assaut au pistolet donne l'illusion du combat, et assure une supériorité réelle à ceux qui s'y exercent (toute intention meurtrière à part, cet exercice peut être un divertissement curieux).

Le tir est un sport très populaire — il suffit pour s'en convaincre, de parcourir nos foires, — en même temps qu'un sport élégant, que cultivent toutes les aristocraties. Au nombre de nos « meilleurs pistolets », est M. G. Clemenceau. Levé dès cinq heures du matin, il écrit dans son cabinet de travail, dont les fenêtres donnent sur son jardin ; parfois, il voit un rat qui court parmi les fleurs, effraie ses canards et ses poulets d'espèce rare. M. Clemenceau prend dans sa boîte un pistolet, l'arme, vise de sa place et tire ; un de ses chiens se précipite et rapporte la proie que la balle a frappé immanquablement. Il en était ainsi du moins, il y a quelques années, car, depuis qu'il est président du conseil, d'autres soucis préoccupent notre Premier.

CONCLUSION

Cette magnifique expansion sportive, dont nous fûmes témoins ou acteurs, n'a fait — chose admirable — que deux victimes : l'équitation et le canotage. Encore l'une d'elles, l'équitation, n'est-elle que blessée, et l'autre nous laisse-t-elle prévoir, par d'intéressantes manifestations, sa résurrection prochaine. Jamais d'ailleurs défaveur ne fut plus imméritée. Si le cheval reste un luxe, le canot offre à tous ses joies multiples et saines ; aussi une réaction se dessine-t-elle contre cet injuste oubli ; nos jolies rivières de France, s'étonnent de ne plus entendre la chanson des canotiers et canotières qui pédalent maintenant dans la poussière des grandes routes.

Avec ses mille jeux et exercices, ses plaisirs et ses vertiges, le sport prépare à la France une génération de jeunes gens forts, prêts à toutes les luttes de la vie. Sans insister, puisque personne ne les conteste, sur ses avantages physiques et moraux, nous rappellerons simplement le mot de Montaigne.

« Ce n'est pas une âme, ce n'est pas un corps qu'on dresse, c'est un homme, » et le conseil du vieux poète français, Eustache Deschamps :

Exercitez-vous au matin
Si l'air est clair et entérin (limpide)
Et soient vos mouvements trempés
Par les champs, les bois, les prés,
Et si le temps n'est de saison
Prenez l'esbat en vos maison.

BIBLIOTHÈQUE NATIONALE R.F. IMPRIMÉS

TABLE DES MATIÈRES

BIBLIOTHÈQUE NATIONALE R.F. IMPRIMÉS

Evreux. — A. Chauvicourt, imprimeur

143

www.ingramcontent.com/pod-product-compliance
Ingram Content Group UK Ltd.
Pitfield, Milton Keynes, MK11 3LW, UK
UKHW031949260826
14628UKWH00004B/1943

9 782019 138509